做好笔记
其实
很简单

[英]马尔·莱斯特（Mal Leicester） 著
[英]丹尼斯·泰勒（Denise Taylor）

黄伟　曾虹云　译

Take
Great
Notes

清华大学出版社
北京

北京市版权局著作权合同登记号 图字：01-2022-1219

First published in English under the title Take Great Notes
by SAGE Publications, Ltd. ISBN：9781526489418
Copyright © 2019 by SAGE Publications, Ltd.
This edition has been translated and published under licence from SAGE Publications, Ltd.
此版本仅限中华人民共和国境内（不包括中国香港、澳门特别行政区和台湾地区）销售。未经出版者预先书面许可，不得以任何方式复制或抄袭本书的任何部分。

本书封面贴有清华大学出版社防伪标签，无标签者不得销售。

版权所有，侵权必究。举报：010-62782989，beiqinquan@tup.tsinghua.edu.cn。

图书在版编目（CIP）数据

做好笔记其实很简单/（英）马尔·莱斯特(Mal Leicester)，（英）丹尼斯·泰勒(Denise Taylor) 著；黄伟，曾虹云译. —北京：清华大学出版社，2023.2
（2024.8重印）
书名原文：Take Great Notes
ISBN 978-7-302-62039-6

Ⅰ.①做… Ⅱ.①马… ②丹… ③黄… ④曾… Ⅲ.①读书笔记 Ⅳ.① G792

中国版本图书馆 CIP 数据核字 (2022) 第 191954 号

责任编辑：左玉冰
封面设计：徐　超
版式设计：方加青
责任校对：王荣静
责任印制：沈　露

出版发行：清华大学出版社
　　　　　网　　址：https://www.tup.com.cn，https://www.wqxuetang.com
　　　　　地　　址：北京清华大学学研大厦A座　**邮　　编**：100084
　　　　　社 总 机：010-83470000　　　　　　　**邮　　购**：010-62786544
　　　　　投稿与读者服务：010-62776969，c-service@tup.tsinghua.edu.cn
　　　　　质 量 反 馈：010-62772015，zhiliang@tup.tsinghua.edu.cn
印 装 者：小森印刷霸州有限公司
经　　销：全国新华书店
开　　本：130mm×185mm　　**印　张**：4.5　**字　数**：64千字
版　　次：2023年4月第1版　　**印　次**：2024年8月第2次印刷
定　　价：49.00元

产品编号：094103-01

目录

你想了解的都在这本书里 1

第一节　为什么要做笔记 5

第二节　好的笔记是什么样的 17

第三节　如何使用电子设备记笔记 31

第四节　大纲笔记法 43

第五节　康奈尔笔记法 55

第六节　图表笔记法 71

第七节　可视化笔记法 81

第八节　电子笔记法 95

第九节　怎么做课堂笔记 107

第十节　怎么做阅读笔记 121

最终检查表：如何知道你已经完成本书的学习 134

术语表 136

更多资源 139

你想了解的都在这本书里

第一节 为什么要做笔记

做笔记有助于你成为一名优秀的学生。做笔记能够提高你的学习主动性,并形成一份可管理的、简洁的、有条理的学习记录,帮助你完成作业和复习备考。

第二节 好的笔记是什么样的

好的笔记应做到条理清晰、结构明了、准确简洁、易于理解。在本书中你将学到如何记录、整理并保存笔记。

第三节 如何使用电子设备记笔记

电子设备在我们日常生活中扮演着重要角色,善于利用数字技术来记笔记，可以帮你更轻松地捕获和检索信息，使笔记更加井井有条。

第四节　大纲笔记法

本章介绍不同的记笔记方法，从提纲法开始。它通过缩进书写、标题和副标题来组织笔记，突出材料中相对重要的部分。

第五节　康奈尔笔记法

康奈尔笔记法是一种相当流行的页面布局方法，这一方法将笔记的页面预先划分为几个区域，以便在整理笔记的过程中加上你自己的想法和总结。

第六节　图表笔记法

首先要准备一个有对应的列和表头的图表，它能够结构化呈现数据和事实，帮助你更轻松地理解大量信息并进行对比。

第七节 可视化笔记法

可以采用结构图（如思维导图、蜘蛛图等）、图片、形状、连线等形式来呈现信息，即通过使用图像来避免使用大量的文字。

第八节 电子笔记法

可以使用电子设备（笔记本电脑、平板电脑、手机、录音机和录像设备）来记录信息。这些设备中有丰富的应用软件能够帮助我们做笔记。

第九节 如何做课堂笔记

上课之前应当预习课上会提到的概念和观点，提前做好准备，并根据自己的学习习惯和当前任务，选择恰当的工具，采取合适的步骤做笔记。

第十节 如何做阅读笔记

本章将介绍如何做阅读笔记。首先应清晰地理解全文；其次，在包含重要元素的前提下，精简笔记。

第一节

为什么要做笔记

10秒概要

做笔记是一种必不可少的学习方法。它能够帮助你加深理解和记忆，提炼整合关键信息，更好地完成作业和考试。

60秒概要

做笔记能帮助你成为一名优秀的学生

在做作业的过程中,你需要展示自己从课上学到的知识,但是如果没有做笔记的话,你将很难记住这些内容。通过记笔记,你可以更好地理解并记忆这些重要的主题和论点。在阅读时,记下作者、标题、出版时间及出版社等具体信息,可以为编写准确的参考资料表提供参照。在复习考试时,笔记是宝贵的备忘录,帮助我们有效且高效地复习,备考所需的所有材料都要提前准备好,并且做到清晰明了。

做笔记的好处

1. 课堂笔记和阅读笔记是完成作业和复习备考的重要参考。

2. 当你记笔记时,你会听得更加认真,有助于集中注意力,提高学习积极性。

3. 笔记可以为你的学习过程提供简明的、**有条理的**（organized）记录。

> 有条理的（organized）：按照逻辑顺序排列并展示信息。

4. 做笔记能够提升核心学习技能（academic skill），即提炼核心观点、找出最重要的论述和有影响力的想法。

> 学术（academic）：指学习的、理论的及大学中的，英文中也指大学老师。

5. 笔记是涵盖了你学习内容全部要点的**备忘录**（aide-mémoire）。

> 备忘录（aide-mémoire）：用于帮助记忆的参考资料。

记笔记（note-taking）和做笔记（note-making）

"记笔记"（note-taking）和"做笔记"（note-making）意义相近，可以互换使用。本书中，我们用"记笔记"表示听课或阅读时进行的首次记录，用"做笔记"表示对第一稿笔记进行修改、删减、增补，并形成一份更加井井有条、思路清晰的备忘录。

一位学生告诉我们

"当我听课或者读书时,我总是很难长时间集中注意力。"

没人能够长时间集中注意力!我们总是容易走神,比如想着"我中午该吃什么?"记笔记可以帮助你保持注意力集中,提高你的学习积极性。

提出你的创见

- 做笔记可以帮助你独立思考,产生自己的想法,把握知识之间的内在联系。这些都应该被记录在你的笔记中(你可以用括号或不同的颜色来体现这是你自己的想法)。

- 你应该带着批判性的眼光重读并重做笔记。

- 在深刻了解学界巨擘思想的基础上进行独立思考,对他们的观点提出自己的想法,这能让你取得更好的成绩!

笔记以济学海之溺

如果不做笔记,你可能会湮没在知识的海洋中,迷失于庞杂的信息和观点中。做笔记可以帮助你深入思考。当你全神贯注地欣赏一部好电影或阅读一本好书时,通过记笔记,你可以更好地沉浸在你关注的主题中,并更深刻地理解它们。

笔记可以使你

- 记录自己的学习成果,尤其是其中重要的部分。

- 更好地完成作业及复习备考。

- 获得一份条理清晰、简洁明了的学习资料。

回顾记笔记的意义

如果不翻阅前文的内容,你可以回答出以下问题吗?

记笔记的 4 个好处是什么?

....

....

....

记笔记可以帮助你提升哪些重要的学习技能?

....

....

....

如何利用笔记进行复习？

什么是"积极的学习者"（active learner）？

通过记笔记记住更多内容

练习如何记笔记

1. 听当天的晚间新闻,努力记住新闻中的事件。不必记笔记,看看 4 小时之后自己还记得多少。把依旧记得的事件简要地写在下面。

2. 一周之后,再听一次晚间新闻。这次记下所有的事件或者故事。(例如:①英国脱欧冲突,②一场车祸中两人丧生,并造成八小时的交通延误,等等。)

4 小时之后,你还能想起多少?简要地写在下面。

"别忘了做笔记!"

第二节

好的笔记是什么样的

10秒概要

好的笔记应该切合主题、正确无误、没有歧义、简洁明了、条理清晰。一份好的笔记应该符合记录者的学习习惯。最重要的是,好的笔记是实用且易读的。

好的笔记是成功的关键

做好笔记是学习取得成功的关键。正确无误、简明清晰的笔记只涵盖重要的内容,因而成为完成作业和考试复习的重要工具。切合主题的笔记可以避免你迷失在大量的资料中,让你聚焦于相关主题的复习上,帮助你更好地完成作业。在记笔记的过程中,当你产生自己的想法时,应将它们记下来,并用不同颜色着重标记出来。标题和副标题可以使笔记更加条理清晰,帮助你理解学习材料的结构,也可以节省你将来查阅笔记的时间。

组织笔记

- 当你边听边记或边读边记时,你所记的笔记可能并没有一个很好的结构,因此最好在记录笔记后尽快重新整理或者将其输入电子设备。

- 针对每一个新主题,为它们写下标题,以形成良好的结构。对于一些长段落,你可以使用副标题来记笔记。

- 你也可以概括出笔记的要点,或者将重要的观点按照重要程度进行编号。

- 你需要确保所有重要的**概念**(concept)和论点都已经被记录下来。

  | 概念(concept):一个常规或抽象的想法。

- 老师期待看到你所形成的自己的想法。在笔记中你可以用括号或者不同的颜色标注出自己的观点。

适当使用缩写

完整且易读的笔记才是有效的,因此,为了保证记笔记的速度,你可以使用缩写。下面列举一些常用的缩写,你也可以创造自己专属的缩写。

常用缩写(英文):

加	+	Information(信息)	info
小于	<	Example(例如)	eg.
大于	>	**我自己的缩写:**	
Possibly(可能地)	poss	Knowledge(知识)	kn
Compared to(对比)	cf	Important(重要的)	imp

笔记是一种总结

好的笔记应该只包含课程或书籍的主要观点!无关的内容、冗长的描述或重复的例子不需要记入笔记。好的笔记是复习的关键资料,它是一种**总结**(summary)——保留重要信息并去除冗余信息。一份好的笔记应该是针对你课上学到的某一主题的概要,无须逐字记录。

> 总结(summary):
> 只给出主要观点的缩略性文字。

不必为自己只是记下了总结而感到担忧。你应该去掉重复或无关的内容,如笑话、故事以及多余的例子,一个论点保留一个例子就足够了。多余的词都不必留下,凡不影响理解的词均无须使用,比如"非常"(详见练习:提升做笔记的能力)。

以简胜繁,精简至上

- 笔记是原有材料的缩略版。

- 作者或者讲述者往往在开始一个新的章节或者段落时会提纲挈领地指出这一部分的核心或主题。注意提升自己提炼重要信息的能力。

- 笔记中不应该包含例子或故事,除非它们对于理解这一论点是必要的。

一位学生告诉我们

"其他人常常无法理解我写的东西,我该如何让内容更清晰呢?"

用短小精练的句子和你自己充分理解的词语做笔记，检查可能引发歧义的地方，并避免使用任何模棱两可的词！

简要回顾

为了准确地写出参考文献，你必须将作者、标题、出版时间、出版社和出版地点都准确地记录下来。

笔记需保持清晰易读。笔记无论是手写的还是用电子设备记录的都应做到整齐有序、条理清晰，因此，笔记应避免使用过长的句子和段落。

如果一个句子或者一个词语可能引发歧义，最好重新措辞以保证你表达的含义是清晰的。

用括号或者不同颜色在笔记中标注出自己的观点，用来和原有的材料进行区分。

条理清晰的笔记用主标题标示出主题，用副标题划分长段落，为诸如诀窍、论点、优点、建议等加上要点。后续的内容还会给出如何保存笔记的建议。

自省加油站　回顾笔记

参考文献信息准确吗？　❏

笔记是否易读？　❏

笔记是否准确无歧义？　❏

是否记录下自己的观点和评论并将其清晰地标示出来，以显示它们是你自己的想法？　❏

是否删去了多余的词语？　❏

笔记中是否包含不必要的故事或例子？　❏

笔记条理清晰吗？　❏

做好保存工作

1. 如果你用笔记本做笔记，应在封面和每个部分前都写上标题，并将笔记本保存在安全的地方。

2. 如果你用活页纸做笔记，应将其放在文件夹内，并标好页码。文件夹上需要贴好标签。

3. 如果你的笔记保存在电子设备中，命名应清楚明确，并分门别类地放在文件夹中，同时要养成日常备份的习惯。

提升做笔记的能力

重写以下这篇潦草的笔记。删去其中无关联、没有必要的词,并整理出一个清晰的结构。完成后,把你重写的笔记和下一页的优秀范例进行对比。

你可能会发现你自己写的笔记非常难读。如何解决这一问题呢?你应该在记下笔记之后尽快重读它,这样更容易辨识出其中的内容。我知道当我记笔记时我的笔迹总是很潦草,因此将笔记录入电子设备的过程中,应当全面检查一次笔记,确保其中用语准确且没有歧义,并添加标题和要点。你还应该记录下这个过程中迸发出的灵感,并用括号或不同的颜色标记出来。有些人认为自己无法改变书写习惯,但实际上,通过刻意练习,能够提高自己的书写技巧。

优秀范例

糟糕的书写应如何解决

如果发现自己很难看懂自己写的内容,那么最好尽快重做笔记。

- 将其输入电子设备是一个好方法。
- 修改原文中语义模糊的地方。
- 添加标题和要点,使笔记条理更清晰。
- 用括号或不同的颜色标注你自己的想法。

练习

要练好书写,需要持之以恒地不断练习。

> "好学生知道如何做好笔记。"

第三节

如何使用电子设备记笔记

10秒概要

电子设备是我们日常生活的一部分。善用数字技术来记笔记可以帮助你更轻松地获取和检索信息,使你更加有条理。

60秒概要

善用数字技术记笔记

在数字时代,人们的学习方式也在悄然发生变化。如今,许多大学都使用线上平台来布置作业和发布阅读书目等参考资料。你可以通过网络提交作业,并获得电子成绩单。

许多大学也提供线上课程,它们可能属于一个远程学习项目,也可能与线下课程相结合。一些大学甚至提供了完全线上教学的学位项目。

实际上，我们的大学生活正在经历一个数字化的过程。你在校园各处都可以接入网络，阶梯教室均配备有电子设备，你还可以通过线上图书馆获取海量电子书、文献和文章资源。

提升你使用电子设备记笔记的水平

- **电子**（digital）笔记不仅仅是将文字输入笔记本电脑或平板电脑中。你可以使用一系列**应用程序**（App）和设备来记录部分或全部的课程内容。

  电子的（digital）：以电子方式记录或存储信息的方法。

  应用程序（App）：可以下载到移动设备或电脑上的应用程序。

- 你可以在不同设备上创建、管理及分享笔记。

- 写论文时，你可以用电子笔记记录相关概念、论述和研究成果。

- 你可以创建数字模板做笔记以提高学习效率。

- 你可以将 PDF 文件、图片或其他格式的文件导入电子笔记中进行批注。

- 录音及录像设备或应用可以帮你记录下整堂课的内容,你可以在课后重看或重听以梳理笔记、加深理解。

- 一些大学会将课程录像上传至线上平台供学生使用。

你是否开始使用各种电子工具

当下很多学生都有多部电子设备。笔记本电脑、智能手机或平板电脑都可以接入网络,大学也会提供相应的线上平台和电子工具。去看看有哪些工具或资料可供你使用吧!

你的手机或平板电脑支持高质量的录音录像吗?有哪些应用或软件可供使用?你有支持手写电子笔记的平板电脑设备吗,如 iPad Pro、Microsoft Surface Pro 或 Samsung Galaxy Tab?你也可能喜欢 Microsoft OneNote、Evernote 或 GoodNotes 等笔记应用,或其他你认为便于使用的软件。

寻找并尝试不同的选择

如果你还没开始使用各种工具、应用和程序,现在开始尝试也并不困难。在线学习项目正在高速发展,视频课程、在线学习网站以及各种博客和网站都可以作为学习资源。在搜索引擎或视频网站中搜索"如何做好笔记",你就可以获得成千上万条相关内容。尽管一开始你可能对做笔记所用的设备或应用不是很适应,但很快你就会知道什么样的设备或应用更适合自己。一些博客文章会比较不同的设备和应用的使用方法。视频网站上也有很多教程,会比较诸如 Microsoft OneNote、Evernote 或 GoodNotes 等应用和软件的优劣之处。这些应用和软件不仅是做笔记的好帮手,而且大部分都惠而不费,甚至无须支付费用。

应该选择哪种设备或应用

- 首先,不必担心自己的选择太多或太少。在不断试错的过程中,你总会找到适合自己的设备和应用。

- 提前做好计划。在课前就决定用哪款设备及应用来做课堂笔记。

- 你可以综合使用电子笔记法和传统笔记法,结合两种方法的优点,把笔记一部分记在实物笔记本里,一部分记在电子设备里。不必担心,试试看,看哪种方式更适合你。

- 你需要注意一些技术细节。你要计算好上课的时长,看看设备是否有足够的电量支撑整节课的笔记。如果没有,你可能需要找一个有插座的座位。

- 利用笔记记忆课程内容。当你把课上提到的观点和概念整理成复习笔记后,你如何记住它们呢?你可以将自己的笔记转换成录音,在你从事其他事情的时候听一听;或者将最重要的文本和图片分享或上传，保证你可以通过多个设备访问这些笔记，以便进行复习。

- 检索课程内容。电子化使得检索信息和笔记内容变得十分便捷。在做笔记时，适当使用关键词及标签可以让日后的搜索更加轻松。

一位学生告诉我们

"我用笔记本电脑时很容易走神，导致我无法做笔记。"

注意！如果你用联网的笔记本电脑或平板电脑做笔记，你很容易被社交软件干扰，开始跟朋友们闲聊。课程中最好关掉社交软件，集中注意力。

自省加油站 **发掘数字技术的潜力**

如今，我们已对电子设备习以为常，但我们可能并没有挖掘出它们的全部潜力。

- 思考一下你用过的电子设备和应用是如何帮助你学习，使你的学生生涯更加轻松的。

- 你在智能手机或平板电脑上用过哪些可以用来做笔记的应用程序？

- 尝试一下其他应用。

"你应该驾驭电子工具，而不是让它们驾驭你。"

恭喜你!

你已经了解为什么要做笔记以及好的笔记是怎样的。接下来我们来学习做笔记的具体方法。

你可以从中选择适合自己的方法。

第四节

大纲笔记法

10秒概要

大纲笔记法运用首行缩进,并利用标题突出关键的概念及问题,使笔记清晰易读。

60 秒概要

大纲笔记法

大纲笔记法是最受欢迎的笔记法之一,因为你可以在记笔记的同时使笔记保持条理清晰。这样当你重做笔记时能省下很多时间,因为笔记初稿已经相当整齐了。但这种笔记法不适合处理那些顺序和表述混乱或者有很多公式和图表的原始材料。

实际上，大纲笔记法是用首行缩进和标题标记出主题和副主题，从而突出课程或课本中的重要概念和关键问题。

方法的选择

每个人都有自己偏好的做笔记的方式。这可能与你做笔记的内容有关，比如课堂笔记和阅读笔记可能适用不同的方法。这也跟你的学习方法或你的强项、弱项有关。无论选择哪种方法，你都可以对其进行一定的调整，以适应自己的需要。

如何使用大纲笔记法

1. 将主标题写在页面左上角，下一行缩进写下副标题及论据。当写到下一个主标题时，回到顶格的位置。

2. 主标题可以是某堂课的主题，也可以是课本的某个章节。

笔记从主标题开始，并用缩进凸显其重要性。使用这种广受欢迎的笔记法可以轻松写出条理清晰的笔记。

3. 副标题是主标题的某个重要方面。

4. 论据是与主标题或副标题相关的事实、观点或例子。

"听课时在笔记上使用缩进让我有些糊涂。"

不用担心，预先设计好页面的布局能够避免这一问题（参见第五节）。你也可以只借助标题、要点和数字进行标记，并不是非要缩进不可。

大纲笔记法的好处

- 这种方法适用于结构相对清晰的课程、文章和书籍。

- 它有助于突出重点。

- 它可以展现出笔记中不同的概念和问题的相对重要性。

- 它可以为笔记提供一个清晰的**结构**(structure)。

> 结构(structure):
> 一个将各个部分组织起来的框架。

- 由于便于操作,你可以在使用这种方法记笔记的同时跟上课程进度。

- 它可以帮你节约重做笔记的时间。

大纲笔记法的不足

- 它有时不适用于科学或数学学科的课程内容,因为其中有大量的公式和**图表**(chart)。

  > 图表(chart):展示信息的表格或图形。

- 它也不适合用来记录思路跳跃幅度大、结构不清晰的课程或书籍的内容。

回顾大纲笔记法的使用方法

大纲笔记法如何节约重做笔记的时间?

大纲笔记法不适用于哪些资料?

大纲笔记法中如何突出资料中的重点?

谈谈你对大纲笔记法的看法。

练习 如何使用大纲笔记法

听一场讲座,它可以是大学讲座、当地专题演讲或TED演讲。如果你喜欢,也可以选择广播或电视讲座。在听讲的过程中,运用大纲笔记法将讲座的内容记录下来。

现在想一想：

❏ 你边听边记时感觉轻松吗？

❏ 你的笔记是否遵循了大纲笔记法的模式，即分出了主标题、副标题及论据？

❏ 你感觉这个方法适合你吗？

❏ 你是否记下了讲座的大部分要点？

❏ 你的笔记是否清晰？

❏ 你的笔记是否简明扼要且内容全面？

❏ 你的笔记是否有效且便于日后查阅？

❏ 你的笔记是否留下了进一步完善的空间，以便进行修改、添加、注释、删减等？

根据以上问题，你认为大纲笔记法适合你吗？

> "举一纲而万目张。"

第五节

康奈尔笔记法

10 秒概要

康奈尔笔记法采用一种特定的页面布局,在笔记中涵盖了标题、日期、你自己的想法以及总结。

康奈尔笔记法：一种重要的方法

康奈尔笔记法是一种全面的笔记法，它可以保证你除了原本的笔记之外，还会记下标题、日期、你自己的想法以及总结。全面的笔记对于完成作业和复习备考尤其有益。而且这一方法既可以用于课堂笔记，也可以用于阅读笔记。它的优点很多，缺点很少。康奈尔笔记法主要采用一种行之有效且简单的页面布局。

笔记的页面布局

根据所选择的页面布局法，你可以在做笔记之前准备好页面。各种布局法以不同的方式划分页面，例如康奈尔布局法和图表布局法。

康奈尔布局法：分割页面

康奈尔布局法将页面划分为4个区域。页面顶端的一小块区域用来记录标题和时间。页面中部被划分为两部分：其中三分之二的面积用来做笔记，剩下三分之一用来记录自己的想法。最后，页面底部稍宽的区域用来进行总结。

标题、日期	
自己的想法	笔记正文
总结	

由于页面被划分为 4 个部分,因此可以保证除了笔记本身之外,你还会记录下标题、日期、自己的想法以及总结。如果没有做页面布局,只是简单地做笔记,你可能会忘记其中的某个步骤——遗漏了标题或日期、忘了记下自己的疑惑或评论,等等,而这些对于你完成作业和复习备考都有重要意义。

这种全面的页面布局法在听课和阅读时都很有用。在阅读一本书时，你可以记下作者、书名、出版社及出版地。在阅读一篇文献时，你也需要记下文献所在的书籍或期刊的详细信息。

- 这一方法提供了一种行之有效且简单易行的页面划分方式。

- 记笔记之前应当准备好几页划分好区域的空白页。

- 无须将所有笔记都压缩在同一页中。

- 保证你的笔记清晰可读，这样重做笔记时只须加上自己的评论和总结即可。

- 保留评论区可以促使你思考由主题或笔记激发的疑问和想法。

总结

做总结能够提升你精选材料的能力。一个好的总结对于使用笔记完成作业和复习都是很有帮助的。在康奈尔布局法中,用于总结的区域小于笔记正文区域,这要求你必须进行精练的总结。

大部分文献会有一个概览式的摘要,可以作为总结的参考。

范例：在一堂关于学习方法的课上使用康奈尔笔记法

学习方法 2018 年 11 月 5 日	
自己的想法	**笔记正文**
这一理论可信吗？	巨大争议，尚未达成共识。
	• 学习方式理论认为：当学习资料与学习方法相匹配时，学生的学习更轻松。
不同的解释使这一理论存疑。	• 几种不同的学习方式：语言学习（文本），语音学习（听觉），视觉学习（图谱、图表），动觉学习（kinaesthetic learning）（互动）。
在一堂课上老师应该使用多种方式，来避免重复枯燥。	一个重要的问题：这对老师而言意味着什么？

总结

一些研究者认为，每个人的学习习惯不尽相同，而这对于教育有着深远影响。但这一理论仍饱受争议，且没有得到有力的验证。通常认为存在 4 种学习方式（语言的、视觉的、语音的和动觉的），而仍有一些学习方式有待证实。一个重要的问题是，假如所谓"学习方式"真的存在，这对于我们的教学意味着什么呢？

> 动觉学习（kinaesthetic learning）：通过身体的动作或触觉进行学习。

康奈尔笔记法的优点

- 可以很好地记录结构明确、表述清晰的资料。

- 使用起来非常简单。

- 能够帮助你记下要点。

- 可以节约重做笔记的时间。(在笔记草稿上做一定的修正很有必要。)

- 笔记中包含总结,这对于考试复习很有帮助。

- 左边留下的空间促使你对笔记进行思考,培养你的**批判性思维**(critical thinking),并逐渐建立自己的想法。

  > 批判性思维(critical thinking):避免不假思索地接受别人的观点,而是去质疑、评估和反思,并深入思考。

- 如果你使用电子设备记笔记,可以自己制作模板或从网上下载。你可以无限次使用它。

康奈尔笔记法的缺点

- 它并不适合所有的书籍或课程。对于那些条理不甚清晰或是包含大量公式和图表的内容,这一方法的效果并不理想。
- 必须在课前准备好多张划分好区域的空白页。

提前做好准备只需要短短几秒钟,你可以充分利用课间时间完成这项工作。

做笔记的全过程

上课前,你应该准备好空白页;上课时,你应该清晰、整齐地记下所有重要的内容;下课后,将自己的想法和问题记录下来,完成总结,并校正和修改笔记初稿。

同样，在读一本书前，你可以通过**序言**（preface）和目录了解书中的基本内容。在阅读过程中，你可以记录下重要信息以及自己的疑问和想法，并在阅读结束后进行总结和修改。

> 序言（preface）：书籍开头的介绍性内容。

 **回顾康奈尔笔记法**

康奈尔笔记法是如何做到全面的?

康奈尔笔记法如何激发你独立思考的能力?

"凡事预则立,不预则废。"

经常总结能够提升哪些学习能力?

列举康奈尔笔记法的两个优点。

列举康奈尔笔记法的两个缺点。

如何使用康奈尔笔记法

按照康奈尔笔记法划分页面,并记录本书的某一章节。

第六节

图表笔记法

10秒概要

运用图表笔记法,你可以根据自己的需要,将表格划分为多栏,以便清晰全面地呈现事件、数据和分类后的信息。

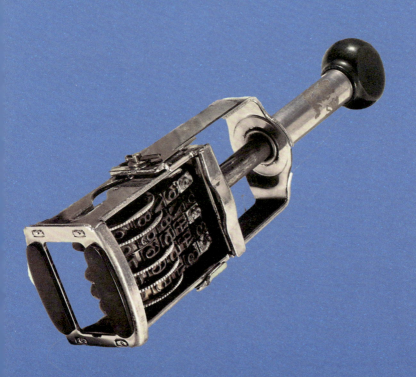

60秒概要

运用图表做笔记

图表有很多种形式,常用于做笔记的一种,是将页面划分为多个纵列,列数的多少取决于需要记录的信息。

用图表法做笔记时,一般以主标题为表头,展示笔记的主题;副标题为列名,标明每一列中信息的类别和属性。横线可以帮助我们在不同的类别之间进行比较。

图表法适用于呈现大量可分组的数据,并通过表格实现纵向与横向、同类与非同类的比较。通常而言,数据型材料比较适合用表格的形式进行记录。

图表法进阶

- 图表可以帮助你记录大量详细的信息。

- 有些笔记可以重新处理成表格的形式。

- 在作业中,你可以用表格来展示大量数据型信息。

- 在复习考试时,图表也是非常有效的工具。

纵列表格　　　　　　**带横线的纵列表格**

完整表格范例

笔记法类型	特点	适用内容	优点	缺点
大纲法	缩进和标题	课堂笔记	突出重点	不适用于杂乱的内容
康奈尔法	4个分区	课堂和阅读笔记	鼓励进行思考和总结	不适用于杂乱的内容
图表法	表格形式	大量数据/统计（statistics）	集中呈现大量数据	只适用于大量详细信息

统计（statistics）：按一定顺序排列的数字或事实，提供了翔实的、可供比较的信息。

一位学生告诉我们

"虽然听上去很傻，但我真的不知道什么是分类！"

一个类别就是一类或一组。同类事物具有相似的特征，而同一方面的不同特征将事物划分至不同的组别。

图表笔记法的优点

- 可以将大量详细的信息简单明确地展示出来。

- 通过这种形式可以更加轻松地把握细节信息。

- 这是一种重做笔记的好方法。

- 图表是考试备考的好帮手。

图表笔记法的缺点

- 这一方法比较费时(但对于某些笔记内容,这些时间投入是值得的)。

- 对于难以分类的内容,这一方法并不适用。

比较大纲笔记法、康奈尔笔记法和图表笔记法

回答以下问题,并对照参考答案。

1. 写出大纲笔记法和康奈尔笔记法的两个共同点。

2. 列举康奈尔笔记法和图表笔记法的异同各一项。

3. 你更喜欢这三种方法中哪一种?为什么?

4. 你认为其他同学可能倾向于另外两种方法的理由是什么?

自省加油站 参考答案

1. 它们都能保证你在记下笔记时就形成清晰的框架，但它们都不适用于结构混乱的内容。

2. 它们都是关于页面布局的笔记方法，但图表笔记法中没有专门用于总结的区域。

3. 我最喜欢康奈尔笔记法，因为它能促使我进行独立思考，并留下充足的空间，以便进行增补和修改。

4. 大纲笔记法不需要提前准备空白页；图表笔记法可以通过简单的形式呈现大量信息，而且是复习的好帮手。

练习 **制作一个表格**

表格可以用来做笔记,也可以用来制作时间计划表。

很多人有时会因为手头要完成的事情太多而感到焦虑,此时我们可以做一个计划表,第一列写上自己要做的事,并在后面各列中记下它们对应的截止时间、完成所需的时长、何时开始以及它的优先级。

任务	截止时间	所需时长	何时开始	优先级(高/低)

"笔记为你指明通往成功的道路!"

第七节

可视化笔记法

10秒概要

可视化笔记法采用结构图（思维导图、蜘蛛图等）、图片、形状、连线等形式来呈现信息，即通过图形来避免使用大量的文字。

可视化方法进阶

可视化笔记法,也称为略图法,指充分利用颜色、图案、形状、连线、涂鸦、图像等各种可视化材料来展示信息的方法。可视化笔记组织概念和观点的形式并不是线性的，而是更为自由、灵活的，也常用于头脑风暴的过程。它兼顾了思考过程的开放和跳跃以及思考过程的严谨和清晰。

这种方法可以集中呈现信息，并辅助我们记忆。

可视化笔记法的示例

- 思维导图（mind maps）：核心观点位于中央，与之相关的观点位于各个分支之上。

- 蜘蛛图（spider diagrams）：一种思维导图，因形似蜘蛛网而得名。

- 概念图（concept maps）：一种类似于思维导图的图形，强调不同主题或概念之间的联系。

- 时间轴（bullet journals）：一种用来做计划的简明清晰呈现信息的可视化方式。

- 流程图（flow charts）：在图表中通过线性的逻辑形式展现可能的结果或选择。

这些可视化笔记法的例子都使用了思维导图的布局原则：将核心概念或观点置于中央，并发散出分支以展示其他信息。这种方法往往在一页纸上呈现出所有概念，因此你可以在看到诸多概念的同时还了解到它们之间的连接和关系。

一个思维导图的范例

思维导图有很多种形式。你可以手工绘制，也可以使用在线免费工具或其他绘图软件进行绘制。

可视化笔记法的优点

- 可以清晰地呈现各个信息之间的连接、关系及层级。

- 可使某一主题或课程的内容一目了然。

- 可以帮助你发现信息中的趋势、模式以及潜在的差异。

- 使你将注意力集中于要点而非所有内容上。

- 提供更多的图片和图形,让你记忆概念时更轻松。

- 形式多样,充满趣味性和创造性。

- 使用电子设备制作可视化材料十分便捷。

可视化笔记法的缺点

- 画图的时候你可能会走神,而不是专注于信息。

- 这一方法并不适合所有人。如果你倾向于线性思维方式,其他方法也许更适合你。

- 这一方法包含的信息往往不甚详细、缺少细节。

一位学生告诉我们:"我没有用过这种方法,所以不太擅长使用它。"

可视化笔记并不需要很复杂的形式或方法。最初你可以只用一到两种颜色以及一些简单的图形。随着对这种方法越来越熟悉,你可以尝试使用更多颜色和图形。

扫清障碍

我画得不够快、不够好	这种方法并不需要专业的绘画技术，你只需要对页面进行布局并使用一些简单的图形和颜色，再稍加练习即可。
我的创造力不够	每个人都拥有创造力，你只需要一些技巧。你可以尝试不同的布局、字体、颜色和图形，并通过练习提升自己的技巧。
我不知道如何布局	将核心观点或标题放在页面中央，向周围发散。你可以尝试不同图形和连线。
我不希望让图像占满整个页面	在开始前，依据以下问题考虑如何布局：你要添加多少文字？使用哪些图形？从核心观点或概念中引申出的观点和类别有多少种？

回顾可视化笔记的适用场景和使用方法

可视化笔记法可以用在多种场景中,你可以做一个清单,列出所有可以使用可视化笔记法的场景。

制作思维导图或蜘蛛图

1. 找一张比较大的纸,通常采用规格是 A3 或者 A2 的白纸,这取决于你是在做课堂笔记还是复习笔记。

2. 在页面中央画一个圆,并在圆圈中写下你的主标题。

3. 从主标题中引申出副标题。

4. 你也可以尝试一些有趣的玩法,选择一个自己比较陌生的主题进行头脑风暴,你会惊讶于实际上对这一主题的了解程度。

5. 你也可以尝试在电子设备上绘制思维导图或蜘蛛图。网上有免费的模板。

> "一图胜千言。"

第八节

电子笔记法

10 秒概要

你可以使用笔记本电脑、平板电脑、手机、录音机和录像机等电子设备来进行记录。许多应用程序可以支持在这些电子设备上记笔记。

用电子技术提升笔记的质量

有效地采集、存储和检索是做好笔记的核心要义。用好工具可以事半功倍。如今很多学生都会使用多部电子设备,但可能并没有发挥出它们全部的潜力。你可以考虑一下如何用手机应用程序来收集照片和视频以丰富笔记、获取网页链接和文章以辅助研究。在课堂上，如果你想要深入了解某一概念或观点，你还可以在网上进行快速搜索（但请注意不要走神！）。

一位学生告诉我们

"如今新技术太多了，我不知道哪种最适合我。"

这的确是一件令人沮丧的事。电子技术瞬息万变，人们难以跟上它演进的步伐。你可以先看看你目前拥有的东西里是否有适合自己的方法，再去搜索引擎或视频网站上看看有没有什么教程或建议。选择一到两个自己感兴趣的，去试试看！

选择你的电子工具箱

电子设备、工具、程序、应用、网站等为笔记制作提供了新的可能。它们可以提高效率，给你更多的灵活度和自由度。

你可以在课堂中用笔记本电脑或移动设备做笔记，这样你可以更加轻松地存储和管理这些笔记。

通过手机和平板电脑等移动设备，你可以随时随地进行复习——在公交上、在午休时、在图书馆，或在集体活动中。这些便携设备十分小巧，因此你不必随身背着沉重的书或笔记本电脑。

硬件设备

- 智能手机——可以边走边看。

- 平板电脑——可以用来创建、记录、存储和检索各类信息以及课堂笔记和复习笔记等。

- 笔记本电脑——可以用来存储和管理课程笔记和研究内容。

- 录音及录像装置——可以使用手机、平板电脑或其他专用设备来录音或录像。

应用和程序

随着科技的进步，各种新应用和程序层出不穷，做笔记更加轻松、充满乐趣。借助这些软件，你可以导入 PDF 文件、图片、表格、音频文件、录像文件甚至是整本电子书。这意味着你可以采用便于记忆的方式来管理自己的信息，并在考试复习和应用所学知识时更有效率。

- 文字处理软件如 Microsoft Word、Google Docs、LibreOffice 及 Apache Office 等。

- 笔记应用程序如 Microsoft OneNote、Evernote 及 GoodNotes 等。

- 一些电子笔记本如 Moleskin 中提供了专门的应用程序，你可以将自己的笔记拍照上传，并在多个设备上进行同步备份。

手写输入电子笔记

越来越多的应用程序支持电子设备上的手写笔记,并且伴随科技进步,这种手写体验越来越接近纸面上的书写。甚至部分纸质笔记本公司提供了内置技术,你可以将你的电子版笔记上传到笔记本电脑或云平台,以便你可以在不同设备上访问自己的笔记。这种方式兼顾纸质笔记和电子笔记的优势。

电子笔记不仅是手写文本。利用电子笔记应用，你还可以把图片、PDF文件、文章甚至书籍导入你的笔记，对它们进行注释，并将其与你的文本、表格、涂鸦及思维导图结合。你可以在电子设备上创建PDF文件，打印出来之后放入复习文件夹中或贴在墙上，作为辅助复习的可视化工具。

回顾大学中使用电子技术的可行性

列出你可以使用的电子设备、应用和程序,并评估它们如何能够帮助你更好地记笔记。

在大学中可以使用哪些设备、应用和程序呢?

....

....

....

....

....

你的大学使用了哪些数字技术使得学习生活更加轻松呢?

....

....

....

....

....

> 练习　**尝试新设备**

使用笔记本电脑

选择一种特定的笔记法,如之前的章节提到的大纲笔记法,并依据选择的笔记法在文字输入程序中设置一个或多个模板。尝试用这一方法去记录一个新的项目或文件,并评估这一方法的有效性。

使用平板电脑

如果你有幸拥有最新款的 iPad Pro、Microsoft Surface Pro 或 Samsung Galaxy Tab 以及专用的手写笔,你可以尝试电子手写笔记,并选择一款应用来辅助这一功能,如 GoodNotes。

丰富笔记的形式

尝试使用移动设备录音或录像。

> "电子工具打开了新世界的大门。"

恭喜你!

你已经学到了几种做笔记的具体方法。

想一想你最喜欢哪一种方法,原因是什么。

第九节

怎么做课堂笔记

10秒概要

上课前应充分了解课上将要提到的概念和观点，提前做好准备，并根据你的学习习惯和当前的任务，选择恰当的工具，通过合适的步骤高效地记笔记。

课堂笔记:质量比数量重要

在课堂上记笔记不仅意味着边听边记,同时还需要你理解这些概念和观点。你很容易陷入一种逐字逐句记录的陷阱:你可能想要把听到的所有东西都记下来,而实际上毫无必要。你需要专注于那些有助于学习和理解的内容。

通过事先的计划和筹备,你可以在课堂上高效地记笔记,并通过一系列步骤和体系轻松有效地管理、存储及检索笔记。

计划及准备

你需要事先准备好做笔记的工具,无论是传统笔记本还是电子设备。进一步计划和准备能使你事半功倍。

在课堂上记笔记有三个要义:全面记录、科学组织、有效提取。

你需要考虑的问题

1. 课程或讲座的类型及其呈现形式。讲课过程中是否使用幻灯片?讲课过程是否被录像?会有多少学生参加?持续多长时间?是否会介绍具体信息、观点及概念?你是计划中的参与者吗?

2. 会场的情况。会场空间有多大？它的布局如何？座位附近是否有插座？灯光如何？现场会有桌子吗？讲座是否在讲堂中举办？

3. 在考虑讲座的类型及场地的基础上，选择哪种笔记工具最适用？

课堂笔记的要义

如果你在一个学习周期内学习多门课程，你会很快积累大量资料，其中也包括你自己的笔记。你需要将你的笔记和同一主题的其他资料集中在一起。规划布局和管理笔记及其他课程资料不仅仅是简单的整理工作，这个过程中你有更大的自由度和灵活度，还可以提高学习效率，因此这份时间投入是值得的。

记录

记课堂笔记的过程就是把观点、概念和信息以最高效的方式记录下来的过程。这样你就可以在考试或者小组展示的过程中应用这些知识。

"主动"听课

尽量不要逐字逐句记笔记,而是尽量全面地理解整堂课的思想和理念,并用你喜欢的笔记法记录下来。记住:

- 突出关键词和概念。

- 将需要进一步思考或者重点复习的部分标注出来。

避免走神

用笔记本电脑或平板电脑做电子笔记时,最好不要查看社交平台或邮箱里的信息。记住:

- 听课集中注意力。
- 关闭社交软件的推送功能,或者干脆关掉应用。

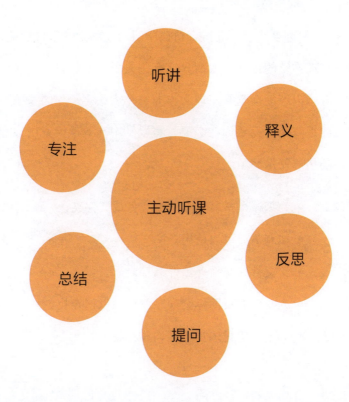

使用正确的工具

在本书中,我们讨论了多种记笔记的方法和工具,选择适合自己的方法和工具能使做笔记事半功倍。记住:

- 如果可以的话,使用笔记模板。
- 保证记录笔记时有充足的电量。

笔记管理

你可以选择一套符合自己学习习惯的系统来管理笔记。管理系统的选择因人而异,有些人更加擅长整理东西,而有些人可能会觉得整理工作非常令人头疼。你的系统不需要很复杂,只要你在必要时可以从中高效地检索出你想要的信息就足够了。

- 为每一个学科建立一个文件或文件夹。
- 如有需要可以使用卷宗夹。
- 给文件和文件夹做好标签。
- 为文件和页面标记顺序及标签以便查找。
- 为电子笔记添加关键词和标签。

检索笔记

在没有整理好的笔记中查找信息是很麻烦的。一些简单的小技巧可以帮你节约很多时间和精力,如善用标签或关键词。采用一个全面妥当的体系整理实体笔记也是个好办法。

- 记录关键词和标签可以让你检索信息时更加轻松。关键词和短语可以使笔记更加清晰。

- 时常更新文件管理系统的关键部分。如果你发现查找笔记变得困难,就应该改进或简化你的系统。

- 在使用后将笔记归位到正确的文件夹,记得及时保存电子笔记的最新版本。

- 日常进行电子笔记备份。不要把笔记存在内存卡里,笔记是很宝贵的。

一位学生告诉我们

"我不太擅长整理。我要花很长时间才能找到自己保存的信息。"

记笔记时养成良好的习惯并准备好一个完善的笔记体系,会让课后的整理工作事半功倍。

自省加油站 让你的笔记更有效

做好课堂笔记不仅仅是记录信息。想一想让记笔记更有效的要点,哪些方面可以提高。

....

....

....

> 练习　**主动听讲并做笔记**

- 通过听电视及广播里的新闻或纪实节目来练习主动听记。

- 尝试一到两种不同的笔记法。

- 做完笔记后,写一个简短的总结,归纳出这个新闻或纪实节目讲的是什么。

- 再重新听一遍刚才记录的新闻或纪实节目。

  ❑ 你是否记录下了所有信息?

  ❑ 你是否理解了其中的关键信息?

- 你在主动听记上还有哪些方面需要提升?

"恰当的计划和有效的整理可以避免做笔记时焦头烂额。"

第十节

怎么做阅读笔记

10秒概要

在开始阅读和记录笔记之前,你可以通过目录和序言了解书的主题,并确保自己了解其中的专有名词。

做阅读笔记

在学习过程中,你在阅读书籍或文章时都需要做笔记。你需要将重要概念、研究结果以及各种论证、理论和重要思想简要记录下来。在阅读过程中保持批判性思维,这将激发你独立思考,并把这些想法也记录下来。

记录下重要的概念、研究成果等,这也是为你的作业做准备。针对同一主题的相关书籍和文章做的阅读笔记,应保证整齐清晰、区分得当、标记清楚,保存妥当。

阅读时做笔记

书籍

在开始做笔记之前,你应该通过目录、序言和书后的简介对作者的观点有大致的了解。你还应该关注不同章节的具体内容,因为书中可能只有其中几章与你关注的问题有关。无须一次性记完整本书,你可以逐章阅读并记笔记,或只是记录某个章节的一部分。对于你已经了解或是与作业不相关的章节,可以不必记录。

章节

如果一本书中只有一个章节与你的作业相关,可以只做这一个章节的笔记,同时你要记下这本书的详细信息及章节信息,如作者、出版日期、出版社、出版地和章节标题及页码。

文章

阅读学者们所作的文章时，做笔记时会比较复杂。你需要读两到三遍，并在记笔记前确认其中使用的**专有名词**（technical vocabulary）的含义。

> 专有名词（technical vocabulary）：与特定学科相关、在特定学科中有特定含义的词汇。

尽管如此，由于文章的篇幅较书籍而言更为短小，阅读文章所需的时间往往不会太长，而且更加聚焦于某一主题。一篇相关主题的文章对你的作业作用很大，不过不要忘记引用！

做书籍、章节或文章的阅读笔记

- 记下重要信息、关键概念、核心理论、主要论点及影响力大的思想家。

- 同时记下自己的想法、观点、论证及疑问。

一位学生告诉我们

"我觉得我读不完推荐阅读列表里所有的文章和书！"

读书应有取舍,但尽可能多读一些。

学会取舍

首先你需要考虑完成作业需要读哪些文章或书籍。

- 你可以通过阅读介绍对接下来的学习内容有一个大致的了解。

- 你可以选择导师强调须关注的文章和书籍。

- 你可以选择一些便于阅读的材料,比如有章节总结的书。

一位学生告诉我们

"我不太理解'批判性思维'是什么意思。"

批判性思维即提出问题。我是否认同作者的观点?他是否给出了充分的论证或充足的证据?他的假设是否合理?有没有更好的替代性观点?

阅读书籍和文章

不要将推荐书目和篇目奉为圭臬,而要保持批判性思维。记住,作者并不总是对的!而且如我们前面所说,不要迷失在阅读的海洋中,要有取舍。对你的导师而言,在每个人的作业中读到相同的内容是很无聊的。在完成推荐阅读书目及篇目的基础上,你可以读一些其他的相关资料来获取新的观点,并尝试进行自己的原创性工作。

对于重要的书籍和文章,尽量自己备份一份,以便在上面做标记。

- 圈出关键词。

- 画出可供引用的部分。

- 在关键概念、核心理论、重要论点及影响力大的思想家等信息旁画线。

- 在定义旁标星。

别忘了在你笔记的开头记下做标记文章对应的页码。

书籍就是你的工具,不要担心在上面做标记。

重要提示

1. 每到一个新的章节,就新开一页笔记。

2. 每一份笔记都要做好总结。

3. 如有需要可以使用一些特定的页面布局,如康奈尔笔记法。

4. 当你重做笔记时，应取其精华弃其糟粕，在不遗漏重要信息的前提下尽可能保持简洁。

5. 考虑好如何保存笔记会方便你日后的查阅。比如，你可以将笔记整理成卡片形式，并按作者姓名首字母拼音排序放入档案盒中。你还可以尝试用电子系统来管理你的笔记。

自省加油站　主动阅读

通过带着任务去阅读,练习主动阅读。比如,现在你已读完这本书,你可以重新翻一遍并在下面记下你认为最有收获的 10 个要点。

1.
2.
3.
4.
5.
6.
7.
8.
9.
10.

练习在文本上做标记

翻阅这本书并在书中进行标记。圈画关键词,画出重要的句子,在重点段落旁画线,在有用的定义旁标星,并写下你自己的想法和疑问。

"阅读带来知识,知识就是力量!"

最终检查表：如何知道你已经完成本书的学习

你是否理解做笔记如何帮助你完成作业和复习考试，并提升选择和组织、梳理关键资料的能力？ ❏

你是否可以举出至少 5 条好笔记的特征？ ❏

你使用了哪些电子工具来帮助自己更好地做笔记？ ❏

大纲笔记法如何帮你突出笔记的重点？ ❏

你是否可以使用康奈尔笔记法？这一方法可以从哪三个角度提升你的学习技能？ ❏

哪种内容适合用表格来呈现？ ❏

你可以各列举两条可视化笔记法的优点和缺点吗？ ❏

电子笔记法如何提升做笔记的自由度？ ❏

为什么在课堂上逐字逐句记笔记学习效果不理想？ ❏

针对以下内容做笔记时，你能给出有用的建议吗：

1. 书籍 ❏

2. 章节 ❏

3. 文章 ❏

术语表

Academic	学术	指学习的、理论的及大学中的,英文中也指大学老师。
Aide-mémoire	备忘录	用于辅助记忆的参考资料。
App (Application)	应用程序	可以下载到移动设备或电脑上的应用程序。
Chart	图表	展示信息的表格或图形。

Concept	概念	一个普遍或抽象的想法。
Critical thinking	批判性思维	避免不假思索地接受别人的观点,而是去质疑、评估和反思,并深入思考。
Digital	电子的	以电子方式记录或存储信息的方法。

Organize	组织	按照逻辑顺序排列并展示信息。
Preface	序言	书籍开头的介绍性内容。
Statistics	统计	按一定顺序排列的数字或事实,提供了详细的、可供比较的信息。
Structure	结构	一个将各个部分组织起来的框架。
Summary	总结	只给出主要观点的缩略性文字。

更多资源

图书

Buzan, T. (2011) *Buzan's Study Skills: Mind Maps, Memory Techniques, Speed Reading and More!* (Mind Set). Harlow: BBC Active/Pearson.

Godfrey, J. (2010) *Reading and Making Notes*. Basingstoke: Palgrave MacMillan.

Leicester, M., Taylor, D. (2017) Get a Better Grade: Seven Steps to Excellent Essays and Assignments. London: SAGE.

在线资源

马里亚纳的学习角（Mariana's Study Corner）：

www.youtube.com/channel/UCEHp_b02I0GvTYCBPX_0w1g

使用 Microsoft OneNote 记笔记：

www.youtube.com/watch?v=MBwU7labwKE&t=0s&list=PLI1eBogZ8n7JyrrhqBSkwM5_tjJseNDdg&index=4